Peter Schmitz

Stille Zeit

Termine mit Gott

Impressum

Schmitz, Peter

Stille Zeit

Termine mit Gott

ISBN: 978-3-95790-068-5

2. Auflage 2022

Umschlaggestaltung und Satz: rigatio

Bildernachweise:

Titel: lightstock_567870
Seite 4: kuhnle-QpP-Wyc4GzQ-unsplash
Seite 10: lightstock_567870
Seite 15: lightstock_249404
Seite 18: lightstock_77198
Seite 26: joshua-earle-oz1GKlRWab4-unsplash
Seite 34: lightstock_203532
Seite44: kate-joie-a8zRxmKSnJ4-unsplash

Inhalt

Lektion 1

Warum „Stille Zeit“?

„Sättige uns am Morgen
mit deiner Gnade,
so werden wir jubeln
und uns freuen
in allen unseren Tagen“

Psalm 90,14

Fragst du dich, wie du deine persönliche Zeit mit Jesus intensiv gestalten kannst? Möchtest du sie neu in Schwung bringen? Wünschst du dir daraus viel Freude und neue Kraft für deinen Alltag? Dann bist du hier genau richtig!

„Sättige uns am Morgen mit deiner Gnade, so werden wir jubeln und uns freuen in allen unseren Tagen" (Ps 90,14) – mit diesem Gebet kannst du starten. Gott will deine Stille Zeit – vielleicht früh am Morgen – mit seiner Gnade überreich segnen, damit du echte Freude in deinem Leben hast, sodass du laut jubeln könntest.

In diesem Bibelkurs findest du dazu Tipps und Anregungen aus Gottes Wort. Lass dich überraschen. Einiges wirst du schon kennen, anderes ist dir vielleicht neu oder bringt dich auf Ideen. Ziel bei allem ist, dass Gott geehrt wird und du im Glauben wächst!

In Lektion 1 sehen wir uns an, was mit „Stiller Zeit" gemeint ist und warum sie so sinnvoll für dich ist.

1. Was ist „Stille Zeit"?

Zugegeben, die Bezeichnung „Stille Zeit" kommt in der Bibel nicht vor. Der Ausdruck hat sich vor Jahrzehnten bei Christen herausgebildet, für die ihre Stille Zeit zu einer täglichen Gewohnheit geworden ist, in der sie dem Herrn begegnen, zu ihm beten und in seinem Wort lesen.

Quälst du dich manchmal durch das Bibellesen? Empfindest du Beten irgendwie als anstrengend? Hast du dich schon gefragt, ob Stille Zeit überhaupt nötig ist, was sie dir bringt – oder ob du sie vielleicht auch lebendiger gestalten könntest?

Der Herr macht dazu keine Vorschriften, da kannst du ganz entspannt sein. Aber gute Tipps hat er in seinem Wort für dich, weil er möchte, dass du in der Begegnung mit ihm echte Freude erlebst und sie dich im Glauben richtig weiterbringt!

2. Welchen Sinn hat Stille Zeit?

Muss diese Zeit sein? Nein, muss sie nicht! Gott erwartet von dir keine Pflichterfüllung, indem du Zeit mit ihm verbringst. Er will auch nicht bloß dein Bibelwissen erweitern. *Er selbst* möchte gerne Zeit mit dir verbringen!

Als Beispiel sehen wir uns die Jünger Jesu an, die etwa drei Jahre Zeit mit dem Herrn verbrachten. Er hatte bestimmte Gründe, sie als Jünger zu berufen. In der gemeinsamen Zeit erlebten sie viel mit ihm, wovon wir einiges lernen können.

Priorität für die Auswahl der Jünger

Als der Herr Jesus die Jünger auswählte, war ihm etwas besonders wichtig.

Lies Markus 3,14. Welcher Grund für die Auswahl der Jünger wird als Erstes genannt?

Erst an zweiter Stelle werden die Aufgaben der Jünger genannt: Predigen und Dämonen austreiben (V. 15).

Diese erste Priorität, *bei dem Herrn zu sein*, gilt auch heute. Dafür ist Stille Zeit gut geeignet.

Als der Herr mit den Jüngern vor seiner Gefangennahme zusammen war, sagte er ihnen, wie sehr er die Gemeinschaft mit ihnen schätzte.

Lies Lukas 22,15. Wie beschreibt der Herr, warum er das Passah mit ihnen essen wollte?

Zeit beim Herrn

Lies Markus 4,33-34 und Lukas 9,10. Was erlebten die Jünger in der Gegenwart des Herrn?

Kommunikation mit ihrem Herrn war für die Jünger normal, wenn sie bei ihm waren. Sie redeten mit ihm und er mit ihnen. Dazu nahm er sie mit, wenn er sich in die Stille zurückzog. Das war echte Gemeinschaft.

So wie Jesus die Jünger bei sich, das heißt in seiner Nähe haben wollte, möchte er auch dich nahe bei sich haben. Dann hast du Gelegenheit, ihm alles zu sagen, was dir wichtig ist. Und du kannst zuhören, wenn er zu dir durch die Bibel redet.

Deine Bestimmung

Stille Zeit bekommt noch eine andere Bedeutung, wenn dir bewusst wird, welchen Plan der Herr für dein Leben hat oder – wie er es ausdrückt – wozu er dich „bestimmt“ hat.

Lies Johannes 15,16. Was kannst du als deine Bestimmung herauslesen?

Frucht für Gott

Unsere Bestimmung ist also, Frucht zu bringen.

Lies dazu Galater 5,22-23. Was ist Frucht für Gott?

Das ist eine anspruchsvolle Liste! Dabei ist das noch nicht einmal das einzige Beispiel von Frucht in der Bibel. Wenn du mehr wissen willst, suche in einem Bibelprogramm einfach nach „Frucht“ im Neuen Testament.

Frucht für Gott ist in deinem Leben das, was der Heilige Geist in dir bewirkt. Hier im Beispiel: Liebe, Freude, Friede ... Das bedeutet, du wirst entsprechend denken, reden und handeln, was die Frucht für Gott und für andere sichtbar macht.

Voraussetzung für Frucht

Damit Frucht wie im Beispiel der Trauben wachsen kann, müssen einige Voraussetzungen erfüllt sein. Der Weinbauer muss sich um guten Boden und Bewässerung kümmern. Außerdem ist erforderlich, dass die Reben gesund und sauber sind, fest mit dem Weinstock verbunden und nicht davon abgeknickt. Gott sorgt dann dafür, dass Trauben heranreifen und wachsen.

Lies Johannes 15,4-5. Welche Voraussetzungen musst du erfüllen, um Frucht zu bringen?

So wie eine Rebe fest am Weinstock ist, soll unser Verhältnis zum Herrn sein. Du kannst dir sicher gut vorstellen, dass an einer abgebrochenen Rebe keine Traube mehr wächst.

„Bleiben in" kann man auch übersetzen mit „bleiben in Gegenwart von". Aber das ist mehr als nur Anwesenheit. Es drückt innige Verbundenheit aus, in der eine vertrauensvolle Kommunikation stattfinden kann. „Bleiben" bedeutet nicht nur ein einmaliges oder gelegentliches Ereignis, sondern es ist dauerhaft.

Stille Zeit – Zeit des Bleibens

Denk noch einmal an die Jünger in der Nähe des Herrn zurück. Sie blieben tatsächlich in den drei Jahren in der Gegenwart Jesu, bei ihm. Der Herr sprach dann zu ihnen und lehrte sie; und sie redeten zu ihm, indem sie zum Beispiel von ihren Erlebnissen erzählten.

Wenn die Jünger ihre Aufgaben taten und das Reich Gottes im Auftrag ihres Herrn predigten, waren ihre Gedanken von ihm geprägt und ihr Handeln von ihm beeinflusst, weil sie zuvor die Nähe bei ihm erlebt hatten. Auf diese Weise blieben sie ihm sogar nahe, selbst wenn er Kilometer weit weg war.

Wie bleibst du in ihm? Wie bleibt er in dir?

Du bleibst in ihm, indem du immer wieder zum Herrn Jesus kommst und zu ihm betest. Auch außerhalb der Stillen Zeit kannst du jederzeit beten.

Er bleibt in dir, indem du ihn, d.h. sein Wort, ganz nahe an dich heranlässt, damit du das Reden Gottes verstehst. Und dann nimmst du sein Wort mit in deinen Alltag, damit es jeden Tag aufs Neue dein Denken prägt.

3. Warum Stille Zeit? – Zusammenfassung

- Stille Zeit ist die Zeit, in der du Jesus begegnest, zu ihm betest und in der Bibel liest.
- Der Herr möchte dich gerne nahe bei sich haben und Zeit mit dir verbringen.
- Damit erfüllst du auch die wichtige Voraussetzung für deine Bestimmung, Frucht für Gott zu bringen: „Bleibt in mir und ich in euch“ war die Botschaft des Herrn an seine Jünger.

Sieh dir deine Notizen noch einmal an. Welche Ideen möchtest du aus diesem ersten Teil umsetzen?

Lektion 2

Stille Zeit wertvoll gestalten

„Senden wird Gott seine Güte und seine Wahrheit.“

Psalm 57,4

In Lektion 1 hast du gesehen, dass Stille Zeit sehr sinnvoll ist. In dieser zweiten Lektion erfährst du, wie du diese Zeit gestalten kannst – und vor allem, welchen Gewinn du davon hast.

Du kannst anschließend eine persönliche Bestandsaufnahme machen und dir Ziele für die weiteren Lerneinheiten setzen.

1. Wie kannst du Stille Zeit gestalten?

Stille

Stille Zeit bedeutet, bewusst die Nähe des Herrn Jesus zu suchen, um zu ihm im Gebet zu reden und ihm zuzuhören, wenn er durch sein Wort zu dir spricht.

Lies Matthäus 6,6. Welche Voraussetzungen zum Beten nennt der Herr?

Lies 1. Samuel 9,27. Welche Voraussetzungen zum Hören des Wortes Gottes nennt Samuel gegenüber Saul?

Welche Hindernisse für Stille kennst du und wie kannst du sie überwinden?

Ein paar allgemeine Hinweise, wie du das für dich umsetzen kannst: Ein ruhiger Ort ist hilfreich; es kann auch in der Natur sein. Die „Türe“ sollte zu sein, also Störungen bewusst vermieden werden – mach die Musik aus und stell das Handy auf „Lautlos“. „Still stehen“ kann sich auch auf Gedanken beziehen. Du sollst einfach zur Ruhe kommen, damit du wirklich auf Gott ausgerichtet, konzentriert bist. Dabei hilft ein geeignetes Zeitfenster (vielleicht am Morgen, wenn noch alles andere ruhig ist). Bitte Gott, dass er dir innere Stille gibt.

Heiliger Geist

Lies Johannes 16,13-14. Was ist die Aufgabe des Heiligen Geistes, wenn du die Bibel liest? Warum hilft dir das?

Lies Römer 8,26-27. Wie unterstützt dich der Heilige Geist beim Beten? Warum hilft dir das?

Manchmal weißt du vielleicht nicht, wie du ein Gebet formulieren sollst. Aber du brauchst dir keine Sorgen zu machen, weil deine Gedanken bei Gott durch den Heiligen Geist immer so ankommen, wie du sie gemeint hast.

Regelmäßigkeit

Das Bleiben in der Gegenwart Jesu kann nicht bedeuten, dass du Tag und Nacht ununterbrochen betest und Bibel liest. Schließlich hast du deine Aufgaben in Haushalt, Schule, Studium oder Beruf zu erledigen. Doch auch eine tägliche und regelmäßige Stille Zeit ist auf Dauer ein „Bleiben“.

Die Erfahrung vieler Christen zeigt, dass ein täglicher Termin mit dem Herrn eine gute Gewohnheit ist. Manche stellen ihren Wecker etwas früher, um morgens Zeit zu reservieren, wenn sie es einrichten können. Andere wiederum nehmen sich Zeit am Abend. Eine Mutter mit kleinen Kindern findet manchmal nur schwer eine freie Minute, da passt vielleicht mittags am besten.

Wie kannst du eine regelmäßige Stille Zeit in deinen Alltag einbauen? Geh deinen Tagesablauf durch. Wann bist du üblicherweise allein und hast Zeit für dich? An welcher Stelle kannst du den Zeitplan verändern?

Falls das schwer zu beantworten ist, bitte den Herrn im Gebet, dir zu helfen. Es soll eine schöne Zeit für dich sein und keine Belastung! Bitte ihn um Ausdauer, die Regelmäßigkeit durchzuhalten.

2. Dein Gewinn durch die Stille Zeit?

Bestimmt hast du selbst schon gemerkt, wie gut dir Stille Zeit tun kann. Hier findest du einige Verheißungen, die für die Begegnung mit dem Herrn gelten (und das ist nur eine kleine Auswahl!).

Sieh dir die Fragen zu den einzelnen Bibelstellen an und schreib die Antworten auf.

1. Johannes 1,3-4. Warum schreibt Johannes von der Gemeinschaft mit dem Vater und seinem Sohn Jesus Christus?

Johannes 14,27. Was will der Herr Jesus dir geben?

1. Korinther 1,18. Was ist das „Wort vom Kreuz“ für dich?

Matthäus 11,28. Was verspricht der Herr Jesus dir, wenn du zu ihm kommst?

Psalm 32,7-8. Was ist die Nähe bei Gott für dich? Was verspricht Gott dir?

Sprüche 2,6. Was gibt Gott, wenn er zu dir redet?

Nun hast du einige Schätze gefunden! Vielleicht fallen dir noch weitere Bibelstellen ein, die den Gewinn beschreiben, den du in der Begegnung mit dem Herrn, also besonders in der Stillen Zeit haben kannst. Schreib sie hier auf.

3. Deine Bestandsaufnahme

Mach jetzt mal eine Bestandsaufnahme und bewerte ehrlich, wie deine persönlichen Zeiten mit dem Herrn aussehen. Wie sieht es aus mit deinem Gebetsleben und deiner Gewohnheit, die Bibel zu lesen?

Freue dich über die Kraft und den Frieden, die du aus diesen Zeiten schon mitgenommen hast. Entscheide aber auch, an welchen Punkten du mit diesem Bibelkurs arbeiten möchtest, um neuen Schwung in deine Stille Zeit zu bringen.

Dein Gebetsleben

Beantworte diese Fragen mit einer Zahl zwischen 1 (gar nicht) und 10 (sehr viel):

Wie stark empfindest du Segen oder persönlichen Gewinn aus dem Gebet? Du hast von Schätzen gelesen. Für das Beten könnten das sein: Freude, Friede und Ruhe.	
Wie intensiv empfindest du dein Gebetsleben? Dabei geht es nicht nur um den zeitlichen Einsatz, sondern um Regelmäßigkeit, Tiefe und Ernsthaftigkeit beim Beten.	
Über wie viele Themen sprichst du im Gebet mit Jesus? Für wie viele Menschen betest du? Wie viele Sorgen erwähnst du? Wie viele persönliche Bitten hast du? Wie oft dankst du?	

Dein Bibellesen

Beantworte auch diese Fragen mit einer Zahl zwischen 1 (gar nicht) und 10 (sehr viel):

Wie stark empfindest du Segen oder persönlichen Gewinn aus dem Bibellesen? Du hast von Schätzen gelesen. Für das Lesen der Bibel könnten das sein: Kraft, Orientierung und Weisheit.	
Wie intensiv empfindest du dein Bibellesen? Dabei geht es nicht nur um die Menge an Kapiteln und Versen, sondern um Regelmäßigkeit, Aufmerksamkeit und Nachdenken über das Gelesene.	
Wie viele Inhalte der Bibel liest du bisher? Sind es immer wieder einige besondere Stellen oder Bibelbücher? Oder liest du im Verlauf einer gewissen Zeit die ganze Bibel?	

4. Dein Plan

Sei nicht entmutigt, wenn deine Einschätzung noch zurückhaltend ist, wenn bisher mehr Einsatz und Gewinn beim Beten und Bibellesen hätten sein können.

Sieh nach vorn und denk dran, welchen Segen du aus der Zeit mit dem Herrn in Zukunft gewinnen kannst.

Welchen Segen oder Gewinn wünschst du dir neu aus deiner Stillen Zeit?

Wenn du etwas verändern möchtest, denk auch drüber nach, was dich bisher gehindert hat. Ganz wichtig ist: Bitte Gott, dir bei der Veränderung zu helfen.

Schreib jetzt auf, was du dazu tun möchtest:

***Beten* – gerne möchte ich Intensität und Inhalt verändern**

z.B. zu Regelmäßigkeit, Tiefe, Ernsthaftigkeit, Gebetsanliegen für andere und für mich

***Bibellesen* – gerne möchte ich Intensität und Inhalt verändern:**

z.B. zu Regelmäßigkeit, Aufmerksamkeit, Nachdenken, Leseplan, Themen

In den nächsten 4 Lektionen unseres Bibelkurses wirst du Ideen finden, die dir bei deinem Vorhaben in der Stillen Zeit weiterhelfen können.

Lektion 3

Du redest zu Gott – Beten für Anliegen

Die Psalmen sind Lieder von David und weiteren Schreibern des Alten Testaments. Sie enthalten unter anderem Gebete in verschiedenen Lebenslagen und Aussagen der Dichter über deren persönliche Beziehung zu Gott. Dabei erfahren wir eine Menge, wie sie ihre Begegnungen mit Gott (ihre „Stille Zeit“) erlebt haben.

Vier dieser Psalmtexte nehmen wir als Leitverse, um Anregungen für unsere Zeit mit Gott zu bekommen. Das verbindende Element der vier Bibelstellen ist, dass sie alle von einer Begegnung mit Gott *am frühen Morgen* sprechen. Vermutlich war es für die Schreiber eine Gewohnheit, besonders morgens die Nähe Gottes zu suchen.

Der Morgen ist als Start in den Tag immer sehr gut geeignet, aber es geht in unserem Kurs nicht grundsätzlich um die Tageszeit. Du hast ja schon gesehen, dass die individuell unterschiedlich sein kann.

Zuerst soll es um das *Beten für deine Anliegen* gehen, also was dir aktuell ganz stark am Herzen liegt und du Gott sagen solltest.

1. Beten

Unseren ersten Leitvers nehmen wir aus Psalm 5:

„HERR, in der Frühe wirst du meine Stimme hören“ (Ps 5,4a).

„in der Frühe“ heißt in diesem Vers wörtlich „am Morgen“. Dann war offenbar Davids Stille Zeit.

Lies bitte Psalm 5,1-4! In diesem Text erfährst du einiges darüber, was Beten für David bedeutete. Lass uns untersuchen, *wie* David betete und welche Ideen du daraus mitnehmen kannst. Außerdem wollen wir überlegen, *wofür* du beten kannst (oder solltest). Und dann gibt es noch einen ganz wichtigen Hinweis zum Schluss!

Art des Betens

„Zu dir bete ich“, sagt David in Vers 3. Wie oder in welcher Art und Weise äußert sich David gegenüber Gott? In dem gelesenen Bibeltext findest du einige Ausdrücke, die sein Beten beschreiben.

Welche Begriffe, die sich auf Beten beziehen, findest du in Psalm 5,1-4?

Welche Hinweise können dir die vier Begriffe Worte, Stimme, Seufzen und Schreien für deine Art zu Beten geben? Schreibe zu jedem der vier Wörter stichpunktartig auf, was du damit in Bezug auf das Beten verbindest!

Worte:

Stimme:

Seufzen:

Schreien:

Hab den Mut, ehrlich zu beten!

Lies noch mal Römer 8,26.

Zur Erinnerung: Gott versteht jedes Gebet! Diese Anregungen sollen dir Mut machen, dass du dich vor Gott nicht verstellen musst. Er möchte gerade beim Beten, dass du aufrichtig und ehrlich bist.

Auch wenn du denkst, dass du nicht die richtigen Worte verwendest oder du gar keine Worte mehr für deinen Kummer hast, dann sorgt der Heilige Geist dafür, dass deine Anliegen immer so bei Gott ankommen, wie du sie gemeint hast.

Gebetsanliegen

David hat in Worte gefasst, was ihm wichtig war – also seine Gebetsanliegen. Die Inhalte unserer Gebete können ganz unterschiedlich sein. Damit wir nicht nur für einige wenige Dinge beten, die uns gerade ganz wichtig sind, nennt uns die Bibel einige Anliegen.

Gebetsanliegen im „Vaterunser“

Jetzt verlassen wir kurz die Psalmen, um uns ein wichtiges Gebet anzusehen.

Lies Matthäus 6,9-13.

Da es diesen Bibelkurs sprengen würde, das ganze Gebet ausführlich zu besprechen, wollen wir uns auf drei Gebetsanliegen konzentrieren:

- *„Dein Wille geschehe“*
- *„Unser tägliches Brot gib uns heute“*
- *„Vergib uns unsere Schulden“*

Was fällt dir zu diesen Bitten ein? Warum könntest oder solltest du sie beten?

„Dein Wille geschehe“:

„Unser tägliches Brot gib uns heute“:

„Vergib uns unsere Schulden“:

Weitere Gebetsanliegen im Neuen Testament

Lies die folgenden Bibelstellen. Für welche Anliegen sollen wir beten?

Epheser 6,18-20:

1. Timotheus 2,1-4:

1. Petrus 5,6-7:

Bete bewusst!

Es ist gut, wenn du die Inhalte deiner Gebete immer wieder überprüfst, um nicht Gefahr zu laufen, ständig um nur *ein* Thema zu kreisen. Daher erinnert die Bibel uns an Menschen, für die wir auch beten sollten, wie unsere Mitgeschwister oder Menschen, die Jesus noch nicht kennen.

Natürlich darfst und sollst du für dich selbst bitten, gerade wenn du Sorgen hast. Denk dran: Kein Thema ist vor Gott tabu, du darfst ihm *alles* sagen!

Überlege jeden Tag bewusst, für welche Anliegen du Gott bitten willst. Das können Menschen sein, von denen du weißt, dass sie Gottes Hilfe brauchen. Manche Christen nutzen eine persönliche Gebetsliste oder Karteikärtchen mit Gebetsanliegen und erinnern sich selbst daran, wofür sie beten sollten.

Nicht immer kannst du alle wichtigen Anliegen in einem einzigen Gebet erwähnen. Es gibt Christen, die wählen für jeden Wochentag einen besonderen Gebetsschwerpunkt und verteilen so ihre Anliegen auf die ganze Woche.

Ausdauer im Beten

Das kennst du bestimmt: Du betest für etwas, aber es tut sich nichts. Und dann?

David sagt in Psalm 5,4: *„HERR, in der Frühe wirst du meine Stimme hören. In der Frühe rüste ich dir <ein Opfer> zu und spähe aus."* „Ausspähen" bedeutet auch „ausschauen" oder „warten" und gehört zum Beten dazu! Das ist zum einen Geduld. Aber damit ist besonders gemeint, dass du in Gottes Richtung sehen („ausschauen") und bewusst seine Antwort erwarten sollst.

Lies Matthäus 7,7-11. Mit welchen Worten wird Beten umschrieben? Wie oft wird in dem Text eine Antwort auf das Beten versprochen?

Übrigens: Die verschiedenen Arten zu beten in Matthäus 7,7-11 können sich auf unterschiedliche Lebenssituationen beziehen. Es kann aber auch sein, dass Gott auf dein **Bitten** einen Weg zeigt, wo du mit seiner Hilfe weiter**suchen** sollst. Dann zeigt er eine Türe, so dass **Anklopfen** zum Öffnen nötig ist.

Noch eins: Sei offen für Gottes Antwort! Sie könnte anders aussehen oder später eintreffen, als du es erwartet hattest. Selbst wenn Gott „nein" zu deinen Bitten sagt, lass dich nicht entmutigen!

Lies noch einmal die zweite Hälfte von 1. Petrus 5,7. Wie wird Gott beschrieben?

Weil **Gott um dich besorgt ist** und ihm an dir liegt, ist „anders" oder „später" und selbst „nein" auf dein Gebet eine bessere Antwort für dich, auch wenn du das manchmal nicht gleich verstehen kannst.

2. Beten – Zusammenfassung

- Beten ist ein wichtiger Bestandteil deiner Stillen Zeit.
- Du redest zu dem Herrn Jesus möglichst konkret in formulierten Worten. Seufzen ist erlaubt und sogar Schreien, wenn nämlich Worte nicht mehr möglich sind. Dein Beten soll ehrlich sein und darf deine Gefühle beinhalten.
- Gebetsanliegen gibt es viele. Es ist gut, wenn du immer wieder überlegst, welche Themen du dem Herrn Jesus bringst. Gute Ausgewogenheit hilft, Einseitigkeit in deinen Bitten zu vermeiden.
- Erwarte Gottes Antwort! Auch wenn sie anders aussieht oder später eintrifft als erwartet, Gott wird antworten! Daher habe Geduld!

Welche Ideen aus dieser Lektion über das Beten für deine Anliegen möchtest du in deinen „Gebetsalltag" mitnehmen?

Lektion 4

Du redest zu Gott – Loben und Danken

„Wer Dank opfert, verherrlicht mich!“

Psalm 50,23

Ein wichtiger Bestandteil der Stillen Zeit ist, dass du zu Gott redest. Zuletzt ging es um deine Bitten. Jetzt geht es um Lob und Dank, die du Gott bringst.

1. Loben

Unser zweiter Text über Erfahrungen in der Begegnung mit Gott am Morgen steht am Ende von Psalm 59. Auch dieser Psalm ist von David geschrieben.

„*Ich aber will singen von deiner Stärke und am Morgen jubelnd preisen deine Gnade.*“ Psalm 59,17a

Lies Psalm 59,17-18. Was besingt David und lobt damit Gott?

Die Psalmen verraten uns viel, wie und warum ihre Dichter Gott gelobt haben! Oft können wir das Lob Gottes für die gleichen Dinge aussprechen, manchmal sogar mit denselben Worten! Also sind die Psalmen eine gute Fundgrube auch für dich! Doch lass dich zunächst von David in den gelesenen Versen inspirieren!

Gott loben für seine Größe und Macht

Hast du in einer klaren Nacht einmal den unendlichen Sternenhimmel bewundert? Oder über einen farbenprächtigen Sonnenuntergang gestaunt? Warst du schon fasziniert von einem Blick in die schneebedeckte Bergwelt? Oder auf die unendliche Weite des Ozeans?

Gottes Stärke wird dir bewusst, wenn du seine Schöpfung aufmerksam betrachtest, und besonders, wenn du über den Herrn Jesus nachdenkst und darüber, wer er ist:

Lies bitte Kolosser 1,15-20. Was erfährst du über die Größe und Macht des Herrn?

Sag dem Herrn im Gebet, dass du ihn dafür bewunderst, wer er ist und was er Unfassbares getan hat. Du hast schon enorm viel, wofür du ihn loben kannst, wenn du an die Schöpfung denkst, aber vor allem an sein Kreuz und seinen Sieg über Satan, an seine Auferstehung und die Herrlichkeit, die er jetzt hat!

Dieses Lob nennt man auch *Anbetung*. Sie ist nicht auf die Zeit in der Gemeinde beschränkt, sondern kann und soll täglich in deiner Stillen Zeit erfolgen!

Gott loben für seine Güte

Lies Psalm 103,1-5.8-13.17. Was sagt David über die Güte Gottes, und woran erkennt er sie ganz besonders?

Güte und Gnade Gottes sind unverdiente Liebe, die dir besonders durch die Vergebung der Sünden bewusst wird. Aber seine Güte beinhaltet noch mehr!

Lies Psalm 65,10-14. Woran können Menschen die Güte Gottes noch erkennen? Was fällt dir darüber hinaus ein, was Güte Gottes ist?

Gottes Güte ist, die Menschen auf der Erde mit Nahrung zu versorgen. Er hat alles wachsen lassen: Getreide, Gemüse und Obst. Der lebenspendende Regen kommt von ihm. Auch die Versorgung mit Fleisch wäre ohne Gottes Wirken nicht möglich.

Lobe ihn dafür! Sage ihm, wie groß er dir deswegen ist, und danke ihm!

Gott loben für seine Hilfe im Alltag

David hat nicht nur einmal Gottes Hilfe in schwierigen Situationen erlebt. Immer wieder hat er Gott dafür die Ehre gegeben, ihm gedankt und ihn gelobt.

Lies den Psalm 59. David beschreibt in diesem Psalm eine Not, weil er verfolgt wurde und getötet werden sollte. Aus dieser Not hatte Gott ihn gerettet. Dafür lobt er ihn.

Paulus erlebte Ähnliches:

Lies 2. Timotheus 4,16-18. Wie hat Paulus die Hilfe Jesu erlebt, sodass er ihm die Ehre gibt?

Gottes Hilfe in deinem Alltag

Wenn du diesen Bibelkurs machst, erlebst du vermutlich keine Verfolgung wie Paulus. Aber du kannst bestimmt erzählen, wie Gott dir in einer schwierigen Situation geholfen hat.

Wie hast du Gottes Hilfe in den letzten 14 Tagen bei dir selbst oder bei anderen erlebt?

Ist dir etwas eingefallen, wie du in den letzten Tagen Gottes Hilfe wahrgenommen hast? Es ist ermutigend zu erkennen, dass eine Problemlösung kein Zufall, sondern Gottes Hilfe ist!

Hattest du dafür gebetet? Das ist etwas ganz Besonderes, wenn du bewusst eine Gebetserhörung erlebt hast!

Oder hat sich das Problem ohne dein Gebet gelöst? Dann kannst du über Gottes Gnade staunen, dass er für dich oder andere gesorgt hat, obwohl du gar nicht um Hilfe gebetet hast. Manchmal ist uns nämlich ein Problem nicht bewusst. Oder wir denken nicht daran, dass wir damit zu Gott gehen könnten. Lass dich ermutigen, Sorgen (auch bei anderen) bewusst wahrzunehmen und Gott im Gebet zu bringen.

Auf jeden Fall ist es ein guter Anlass, Gott zu loben für seinen Beistand und die Lösung, die er geschenkt hat!

Wenn dir nichts auf die Frage nach Gottes Hilfe in den letzten Tagen eingefallen ist, kann das natürlich sein. Dann gab es in dieser Zeit vielleicht kein besonderes Problem – dafür kannst du dankbar sein, denn auch das ist ein Grund, Gott zu loben! Denke in diesem Fall an frühere Erlebnisse, in denen du dich über Gottes Hilfe gefreut hast, und lobe ihn dafür!

Lies Sprüche 3,6. Wie „erkennst" du Gott auf deinem Weg?

Gottes Wirken kann z. B. in Situationen erkannt werden, die dich auf ihn aufmerksam machen. Das können erhörte Gebete sein, Bewahrung in Gefahr, aber auch in Problemen, die dich ins Gebet bringen. Wenn Gott wieder einmal „deine Wege geebnet" hat, wie Salomo geschrieben hat, dann ist das ein neuer Grund ihm dafür zu danken und ihn für seine Hilfe zu loben.

Genauso wie du Gebetsanliegen suchst, darfst du auch Gründe zum Danken sammeln und sie Gott im Gebet sagen.

Gott das Lob bringen

Natürlich willst du Lob Gott gegenüber ausdrücken. In welcher Form ist das möglich?

Lies noch einmal Psalm 59,17-18. Wie lobte David Gott?

Viele Psalmen sind gut geeignet, um Gott damit zu loben! Es gibt außerdem viele gute geistliche Lieder, die wir dafür nutzen können. Manchmal haben Dichter eben eine schöne Art, Gefühle in Worten auszudrücken.

Es gibt neben dem Singen und Jubeln auch noch eine ganz einfache Form, Gott zu loben:

Lies in Lukas 2,13-14.25-32.36-38. In welcher Form erfolgte das Lob Gottes, warum und von wem?

Weitere Anleitung zum Lob Gottes findest du im letzten Psalm.

Lies Psalm 150. Was lernst du hier über das Lob Gottes?

Das Lob Gottes soll in seinem Heiligtum erfolgen, d. h. für uns: in seiner Gegenwart. Anlass für das Lob sind Gottes Machttaten und Größe. Instrumente können uns beim Loben unterstützen

Alles, was atmet, also die ganze Menschheit, soll Gott Lob bringen. Die nicht an ihn glauben, werden es einmal tun müssen! – Lies Philipper 2,10-11.

2. Loben – Zusammenfassung

- Anlass zum Lob sind die Größe und Macht Gottes, die du in seiner Schöpfung und vor allem in dem Erlösungswerk Jesu am Kreuz sehen kannst.
- Gottes Güte ist ein Grund für dein Lob. Du erkennst seine Güte darin, dass dir deine Sünden aufgrund des Todes des Herrn vergeben wurden. Aber auch deine tägliche Versorgung ist Güte Gottes.
- Für Gottes Hilfe in Not kannst du Gott loben. Oft sind es Antworten auf Gebete, so dass du dann besonders dafür danken kannst.
- Es gibt viele Möglichkeiten, Gott zu loben. Du kannst es in deinen Gebeten sagen, aber auch singen, vielleicht mit Instrumentenbegleitung. Du darfst vor dem Herrn Jesus sogar jubeln – laut oder innerlich in deinen Gedanken! Psalmtexte und geistliche Lieder können dir helfen, das Lob auszudrücken.

Welche Ideen aus dieser Lektion über das Loben möchtest du in deine Stille Zeit mitnehmen?

Lektion 5

Gott redet zu dir – Weisheit aus der Bibel

„Ich will dich unterweisen."

Psalm 32,8

Wir haben gesehen, wie du in deiner Stillen Zeit im Gebet zu Gott mit Bitten, Danken und Loben sprechen kannst. Jetzt steht im Vordergrund, wie Gott zu dir redet.

Zunächst geht es um das Lesen der Bibel.

1. Gottes Wort

Der große Gott will dich durch sein Wort, die Bibel, unterweisen. Daher ist ein weiterer wesentlicher Bestandteil der Stillen Zeit das Lesen des Wortes Gottes.

Unser dritter Text ist diesmal von einem unbekannten Autor (vielleicht war es sogar David):

„Der Morgendämmerung bin ich zuvorgekommen und habe um Hilfe gerufen. Auf deine Worte habe ich gehofft. Meine Augen sind den Nachtwachen zuvorgekommen, um nachzudenken über dein Wort“ (Psalm 119,147-148).

Lies Psalm 119,145-152. Mit welchen Begriffen wird das Wort Gottes hier umschrieben?

Das gibt dir einen Eindruck, wie vielfältig Gottes Wort ist!

Deine Einstellung zu Gottes Wort

Wenn du ein Buch in die Hand nimmst, hat das meistens einen bestimmten Grund. Jemand hat es dir empfohlen oder du erwartest, dass es spannend ist. Vielleicht willst du auch etwas Neues kennenlernen. Manchmal musstest du – z. B. in der Schule – Bücher lesen, die dich nicht interessierten. Es kommt meist auf deine Einstellung und Erwartung gegenüber einem Buch an, ob dir der Inhalt etwas bringt oder nicht.

Lies Psalm 119,151-152. Welche Bedeutung hatte Wort Gottes für den Psalmisten?

Lies Psalm 119,145-147. Mit welcher Absicht wollte der Psalmist das Wort Gottes hören?

Lies Psalm 119, 149. Welchen Wunsch hatte der Psalmist an Gottes Wort?

Wie ist *deine* Einstellung zur Bibel? Welche Bedeutung hat sie für dich? Mit welcher Absicht und mit welchem Wunsch willst du sie lesen?

Das Lesen vorbereiten

Neben deiner Einstellung zu einem Buch ist auch von Bedeutung, *wie* du es liest.

Lies Psalm 119, 145-147a. Welche Vorbereitungen traf der Psalmdichter?

Gebet vor dem Lesen des Wortes Gottes ist eine gute Gewohnheit. Damit kannst du den Herrn bitten, dass du sein Wort verstehst. Vielleicht gibt es eine bestimmte Frage, die du gerne beantwortet haben möchtest – sage sie ihm.

Ein Gebet ist in dem Zusammenhang immer gut: Lies Apostelgeschichte 22,8. Was betete Paulus, als er dem Herrn Jesus begegnete?

Zeit ist wesentlich für die Begegnung mit dem Herrn. Baue dir ein regelmäßiges Zeitfenster in deinen Tagesplan ein. Der frühe Morgen ist gut geeignet. Wie du aber schon gesehen hast, kann es auch eine andere Tageszeit sein. Aber *„komme dieser Zeit zuvor"*, wie es in dem Psalm heißt, oder anders ausgedrückt: Reserviere sie dir bewusst und nutze sie! Es kann sein, dass andere Gewohnheiten dann etwas geändert werden müssen. Wenn du den Morgen wählst, hilft es zum Beispiel, den Wecker früher zu stellen.

Wie lang sollte die Stille Zeit sein? Das wirst du selbst herausfinden, denn Gott macht keine Vorgaben. Vielleicht beginnst du mit einer Viertelstunde. Du kannst jederzeit eine Veränderung vornehmen.

Den Bibeltext auswählen

Als Nächstes musst du dich entscheiden, was du lesen willst. Die Bibel ist sehr umfangreich. Sie enthält viele interessante Texte, aber auch welche, die auf den ersten Blick nicht so erscheinen.

Was liest du zur Zeit in der Bibel? Hast du Lieblingstexte? Schreibe auf, welche Texte dir aktuell besonders zusagen.

Es ist nicht ungewöhnlich, wenn dir bestimmte Textpassagen gefallen und du sie häufig liest. Je nach Situation brauchst du vielleicht Zuspruch, so dass dir Mut machende Texte wichtig werden.

Lies Psalm 119,145.151b und Matthäus 4,4. Was wird dir hier an Lesestoff empfohlen?

Gott möchte tatsächlich, dass wir *die ganze Bibel* lesen. Aber keine Angst, Schritt für Schritt kannst du das schaffen. Dazu brauchst du drei Dinge: die feste Absicht, einen konkreten Plan und Ausdauer!

Eigentlich ist es ganz einfach. In der Bibel gibt es 1189 Kapitel (929 im Alten und 260 im Neuen Testament). Teile die Zahl durch 365, dann sind das rund 3 ¼ Kapitel am Tag. Verteilt auf zwei Jahre wären es im Schnitt nicht einmal 2 ganze Kapitel pro Tag.

Ich empfehle dir, jeden Tag sowohl im Alten als auch im Neuen Testament zu lesen. Wenn du in beiden Teilen der Bibel täglich ein Kapitel liest, dann schaffst du das Alte Testament in rund 2 ½ Jahren und das Neue in 8 ½ Monaten.

Es gibt gute, strukturierte Lesepläne, mit deren Hilfe du innerhalb von zwei Jahren oder sogar in einem Jahr die Bibel systematisch durchliest (bei www.rigatio.com findest du kostenlose Pläne für ein oder zwei Jahre).

Die Bibel lesen

Lies Psalm 119,148. Beim Lesen sind die Augen ein wesentlicher Kanal, über den die Worte in dich hineinkommen. Aber offenbar hat der Mund auch etwas dabei zu tun. Denn das hebräische Wort *siach* kann neben *sinnen* oder *nachdenken* auch bedeuten: *studieren, reden, singen, sprechen.*

Was könnten die vier zuletzt genannten Übersetzungsmöglichkeiten für das Lesen der Bibel bedeuten?

___

___

___

Wir können annehmen, dass der Psalmist die Worte studiert und beim Lesen vielleicht laut gesprochen hat. Psalmen wurden auch gesungen. Es geht also um das aufmerksame Lesen, damit das Wort richtig verstanden und aufgenommen wird.

Über Bibelworte nachdenken

Die tiefere Bedeutung des hebräischen Wortes *siach ist Sinnen* oder *Nachdenken*, wie es in einigen Bibelübersetzungen heißt. Es hat die Bedeutung: „im Inneren bewegen".

Das heißt, dass der Text nach dem aufmerksamen Lesen in den Gedanken bewegt werden soll, dass man sich mit ihm beschäftigt. Gott möchte, dass du sein Wort gut verstehst, bewahrst und beachtest. Daher erwartet er, dass du nach dem Lesen darüber nachdenkst.

Du kannst zum Beispiel Fragen an den Text stellen:

- Wie kann man den Text gliedern? Welche Überschrift kann man ihm geben? Finden sich Zwischenüberschriften?
- Welcher Vers enthält die Kernaussage?
- Welche Schlüsselwörter gibt es?
- Welche Aussage hat dich besonders angesprochen? Warum?

- Was von dem gelesenen Text könntest du heute umsetzen?

Weitere Tipps zum späteren Nachdenken und Erinnern:

- Führe ein geistliches Tagebuch, in das du wichtige Erkenntnisse notierst.
- Schreibe dir täglich einen Schlüsselvers auf (Tageskalender oder Karteikarte)
- Versuche, dich im Lauf des Tages an den Text zu erinnern (notierte Verse helfen dabei)
- Auswendig lernen ist eine gute Möglichkeit, sich später zu erinnern.

Wichtig ist das Nachdenken selbst, nicht die Technik. Es gibt viele Möglichkeiten. Sei daher kreativ!

Es gibt gute Kommentare und Hilfen zum Verständnis des Wortes Gottes. Aber denk dran: Zuerst solltest du dich selbst mit dem Bibeltext befassen! Erst danach ist es sinnvoll zu lesen, was andere dazu gesagt haben. Die Auslegungen solltest du immer wieder mit der Bibel vergleichen, ob du zu gleichen Erkenntnissen kommst. Denn Grundlage für dein Verständnis muss allein das Wort Gottes sein.

Wirkung des Wortes Gottes

Lies Psalm 119,151a. Welche Erkenntnis hatte der Psalmdichter durch die Wirkung des Wortes Gottes?

Durch das Lesen des Wortes Gottes wird dir der Herr Jesus selbst groß. Du liest viel über Gott und lernst, wie er ist: seine Größe, seine Macht und seine Gerechtigkeit. Aber auch seine Güte, sein Erbarmen und seine Liebe findest du in jedem Buch der Bibel. Da ist es kein Wunder, dass der Herr dir immer vertrauter wird und er dir nahe ist.

Lies Johannes 17,3. Wie nennt der Herr Jesus es, wenn du den allein wahren Gott und den er gesandt hat erkennst?

Erinnere dich daran, mit welchem Ziel der Psalmist das Wort Gottes liest: Er will es **bewahren** und **beachten**.

Jetzt kommt es darauf an, dass du das, was dir beim Lesen wichtig geworden ist, in den Tag mitnimmst, dich daran erinnerst und es dann tust.

Lies Johannes 14,26. Wie kann der Heilige Geist dir helfen, das Gelesene in den Alltag zu übertragen?

Der Heilige Geist wird dich erinnern, wenn du das Wort Gottes aufmerksam gelesen hast. Einen Vers, der dich besonders angesprochen hat, kannst du auch tagsüber nochmal lesen – oder ihn auswendig lernen. Dann ist es „nur" noch wichtig, dass du auch das umsetzt, woran du dich erinnert hast.

2. Die Bibel lesen – Zusammenfassung

- Bibellesen ist fester Bestandteil der Stillen Zeit.
- Eine klare Einstellung zum Wort Gottes ist nötig:

Es ist die Wahrheit und wird ewig Bestand haben.

- Du solltest daher die feste Absicht haben, es in deinen Alltag zu übertragen.

- Du darfst die Erwartung an die Bibel haben, dass sie dich belebt.

- Vor dem Lesen zu beten und Gott um Weisheit zu bitten, ist hilfreich.

- Eine feste regelmäßige Tageszeit und ein konkreter Leseplan sind sehr gut. So schaffst du, die ganze Bibel systematisch durchzulesen. Denn alles, was Gott hat aufschreiben lassen, ist wichtig für dich.

- Aufmerksam lesen und anschließend darüber nachdenken hilft beim Aufnehmen und Verstehen von Gottes Reden. Halte wichtige Erkenntnisse in einem Tagebuch fest. Nimm möglichst einen Vers, der dir wichtig geworden ist, mit in den Tag (notiere ihn zum Beispiel in deinem Tageskalender oder auf einer Karteikarte).

- Bemerke die Nähe Jesu durch das Lesen. So wirst du ihn immer besser kennenlernen.

- Der Heilige Geist wird dich erinnern, wenn du das Wort aufmerksam gelesen und mit in den Tag genommen hast.

- Tue, woran du dich erinnert hast. Setze es in deinem Alltag um.

Welche Ideen aus dieser Lerneinheit über das Bibellesen möchtest du in deine Stille Zeit mitnehmen?

Lektion 6

Gott redet zu dir – Wegweisung für deinen Alltag

„Ich will dich ... lehren den Weg, den du gehen sollst.“

Psalm 32,8

Nachdem wir uns über das Beten und Loben Gedanken gemacht hatten, hast du zuletzt gesehen, wie wichtig es ist, die Bibel zu lesen. Nun wollen wir noch einen besonderen Aspekt des Bibellesens ansehen. Der Herr Jesus will dich *führen* und dir sagen, welcher Weg gut für dich ist. Er möchte dir bei Entscheidungen helfen. Dazu ist ein enger Kontakt zu ihm, gerade in der Stillen Zeit, ganz wichtig.

1. Führung

Gott will, dass du gute Entscheidungen triffst. Er kennt dich ganz genau und weiß, was für dich gut und wichtig ist. Daher will er dir deinen Weg zeigen.

Unser vierter Psalm-Text, der über die Begegnung mit Gott am frühen Morgen spricht, ist wieder von David geschrieben:

„Lass mich am Morgen hören deine Gnade, denn ich vertraue auf dich! Tu mir kund den Weg, den ich gehen soll, denn zu dir erhebe ich meine Seele!“ Psalm 143,8

Bitte lies in deiner Bibel Psalm 143,8-11.

Es ist ein Gebet zu Gott in großen Schwierigkeiten. David erfragt Gottes Plan für sein Leben, denn er will wissen, welchen Weg er gehen soll.

Sieh dir im Folgenden an, warum du Gott überhaupt um Führung bitten solltest, wie Gott führt und in welchen Situationen Gottes Führung besonders wichtig ist.

Gott um Wegweisung bitten

Du hast schon gesehen, dass David Gott um Führung gebeten hat, indem er betete. Gebet ist eine wichtige Voraussetzung!

Viele Menschen haben einen konkreten Plan für ihr Leben. Grundlage sind oft ihre eigenen Wünsche, die ihre Entscheidungen lenken. Frage dich ganz ehrlich: *Willst* du Gottes Willen immer wissen?

Lies noch einmal Psalm 143,8 und dazu Jeremia 29,11. Warum solltest du auf jeden Fall Gott um Führung bitten?

Gott weiß, was in der Zukunft passieren kann. Er hat einen guten Plan für dich. Friede, Zukunft und Hoffnung und kein Unglück sind seine Motive für dein Leben. Es ist wichtig, dass du dem allmächtigen Gott bedingungslos vertraust – so wie David!

Gottes Führung in Problemen

Davids Situation war extrem schwierig, als er den Psalm schrieb. Wahrscheinlich leidest du nicht unter so heftiger Verfolgung wie David, aber andere Dinge können dir zu schaffen machen.

Lies erneut Psalm 143,9. Notiere dir, was „Feinde" in deinem Leben sein könnten?

„Feinde" können heutzutage sein:

- Menschen (z.B. Schulkameraden, Kollegen oder Nachbarn), die dir böse gesonnen sind und dich schikanieren
- Konflikte in der Familie oder Gemeinde
- Probleme, egal ob „groß" oder „klein"
- Stress durch Zeitdruck oder komplexe Aufgaben in Schule, Studium, Beruf, Haushalt, Gemeinde …

… alles, was dich herunterzieht

Sag dem Herrn Jesus deine Schwierigkeiten im Gebet. Benenne sie konkret und bitte ihn um Wegweisung, wie du die Probleme lösen kannst.

Denke daran, was du beim Beten gesehen hast: Erwarte Gottes Antwort und habe Geduld!

Gottes Führung im Alltag

Es ist sehr verständlich, dass du Gott um Führung aus einer Problemsituation bittest. Aber das ist nicht alles!

Lies Psalm 143,10. Welche weiteren Gründe gab es für David, Gott um Führung zu bitten?

____

____

Daraus kannst du schließen, dass es *immer* gut ist, Gott um Führung zu bitten. Es geht nämlich darum zu wissen, was Gott gefällt. Daher solltest du Gott jede wichtige Entscheidung vorher im Gebet bringen, damit er dir deinen Weg klar machen kann.

Manchmal hilft dir eine weitere „einfache" Frage, die Paulus auch an den Herrn Jesus richtete.

Lies Apostelgeschichte 22,10a. Welche „einfache" Frage stellte Paulus dem Herrn Jesus? Schreib auf, welche Lebensbereiche bei dir mit dieser Frage gemeint sein könnten.

____

____

____

Betroffen sind alle Bereiche deines Lebens. Hier sind ein paar Beispiele:

- wie der Herr Jesus dich als seinen Diener gebrauchen kann, z.B. als Zeuge für ihn oder für bestimmte Aufgaben in der Gemeinde.

- wichtige persönliche Entscheidungen wie Partnerwahl, Ausbildung, Beruf, Wohnort
- dein Verhalten, das der Herr Jesus verändern möchte
- wie der Herr Jesus alle Bereiche deines Lebens gestalten möchte

Sehr gut ist es, dem Herrn Jesus jeden Tag diese schlichte, aber eindeutige Frage zu stellen!

Grundlage von Gottes Führung

Manchmal wünschen wir uns, dass ein Zettel vom Himmel kommt, auf dem steht, was wir in einer bestimmten Situation konkret tun sollen. Doch Gott führt in den allermeisten Fällen anders – und das nicht nach einem einheitlichen Schema, aber mit einer einheitlichen Grundlage.

Lies Psalm 119,105. Was ist die Grundlage für deine Führung?

Lies Kolosser 3,16a. Notiere dir die Aufforderung, die du gefunden hast.

Deswegen ist es so wichtig, dass du die ganze Bibel regelmäßig und aufmerksam liest.

Gottes Art und Weise von Führung

Das bedeutet nicht, dass die Antwort auf deine Fragen, was du konkret tun sollst, immer wörtlich in einem Bibelvers steht – das kann natürlich einmal sein, ist aber auch eher die Ausnahme. Doch Gott hat eine besondere Art, dich im Alltag zu führen.

Lies 1. Könige 19,11-13. Wann hörte Elia die Stimme Gottes? Was bedeutet es für dich?

Du kannst aus dieser Begebenheit lernen, dass Gott oft leise spricht, nicht laut und spektakulär – obwohl er das auch kann und ab und zu tut. Aber in der Regel musst du vor Gott still sein und das so lange, bis du sein Reden hörst. Auch ein Aspekt von „Stiller Zeit"!

Lies noch einmal Psalm 143,10b und Johannes 14,26. Wie kannst du Gottes Führung im Alltag erfahren?

Wenn du gebetet hast (was ja eine wichtige Voraussetzung für Führung ist), sorgt Gott durch den Heiligen Geist dafür, dass du verstehst, was er zu dir sagt. Vielleicht wird dir dann beim Lesen der Bibel schon klar, was Gott will. Das ist nicht immer der Fall, aber – wie schon gesagt – im richtigen Zeitpunkt wird der Heilige Geist dich erinnern.

Gott hat zudem viele Mittel, deine Aufmerksamkeit zu gewinnen, um dir seinen Weg zu zeigen. So kann Gott dich durch bestimmte Umstände zu einer Entscheidung bringen. Oder es sind Begegnungen mit anderen, die dir Wegweisung geben können.

Gott lenkt – durch den Heiligen Geist – deine Gedanken, so dass dir der nächste Schritt klar wird. Führung wird nie gegen das Wort Gottes sein (der Heilige Geist wird dich zum Beispiel nie auffordern zu stehlen).

Klarheit über Gottes Führung

Wie reagierst du auf Gottes Führung und woran kannst du sie erkennen?

Hindernisse für Gottes Führung sind, dass sich dein Wille Gott entgegenstellt, besonders wenn die Antwort „anders", „später" oder „nein" lautet. Daher erinnere dich an die Bitte im Vaterunser: *„Dein Wille geschehe."* Dazu kommt, dass Gott uns oft nur den nächsten Schritt zeigt und noch nicht das Ziel, wie du es am liebsten hättest. Hab Geduld und erinnere dich daran, dass Gott es gut mit dir meint!

Woran erkennst du die Führung Gottes bei deinen Entscheidungen? Lies Kolosser 3,15a. Halte fest, was dich bei einer Entscheidung sicher machen wird.

2. Gottes Führung erfahren – Zusammenfassung

- Das Beten um Führung ist eine wichtige Voraussetzung.
- Der Herr meint es gut mit dir, daher kannst du ihm bedingungslos vertrauen, wenn es um deine Zukunft geht.
- Hab Geduld. Besonders drängt uns oft der Wunsch, aus problematischen Situationen herausgeführt zu werden. Darum darfst du beten und nicht aufgeben.
- Der Herr Jesus möchte dich so führen, dass du tust, was ihm gefällt. Dazu kannst du das Gebet sprechen: „Was soll ich tun, Herr?" Erwarte, dass sich seine Führung auf alle deine Lebensbereiche erstreckt!
- Der Herr Jesus führt immer auf Grundlage der Bibel. Deswegen ist Bibellesen so wichtig.
- Hör gut zu. Gott führt oft leise. Das hörst du nur in der Stille.

- Der Heilige Geist macht dir das gelesene Wort klar und erinnert dich daran. Er will deine Gedanken lenken. Um die geführten Schritte zu gehen, musst du es auch wollen und tun.

- Der Friede des Christus soll in deinen Gedanken regieren. Er hilft dir, deine Entscheidungen wirklich mit Gott zu treffen, und gibt dir darüber innere Ruhe.

Welche Ideen aus dieser Lerneinheit über Führung möchtest du in deine Stille Zeit mitnehmen?

Abschluss des Bibelkurses

Nun bist du am Ende des Bibelkurses angekommen. Denk dran, dass es kein Patentrezept für die Stille Zeit gibt. Auch dieser Kurs hat nicht den Anspruch, das zu sein. Er will dir aufgrund von Bibeltexten und Erfahrungen von Christen Hilfestellung geben, wie du Stille Zeit gestalten kannst – das ist dein Reden mit dem Herrn Jesus und das Reden des Herrn mit dir.

Sieh dir deine „Bestandsaufnahme" aus Lektion 2, Punkt 4 noch mal an. Hast du Antworten zu deinen Wünschen für Veränderung in der Stillen Zeit bekommen? Ergänze sie in deinen Notizen.

Ich wünsche dir sehr, dass du neue Impulse für dein Leben mit dem Herrn bekommen hast, so dass du deine persönliche Zeit vor ihm mit neuem Schwung gestalten kannst und daraus viel Freude und frische Kraft für deinen Alltag gewinnst.

Gott segne dich!